REVIEWS, SNOOPY

Pierre-Marc, Olivier et
9 déc. 1990 Marie

ISBN 2-266-02220-2

PEANUTS

REVIENS, SNOOPY

CHARLES M.SCHULZ

DARGAUD EDITEUR – PRESSES POCKET

MA VIE EST DEVENUE BARBANTE!
J'AI DÉJÀ VU TOUT CE QUE J'AVAIS À VOIR...
J'AI BESOIN DE ME TOURNER VERS DE NOUVEAUX HORIZONS...
SCHULZ

BON, NOUS AVONS ENCORE PERDU, MAIS CE N'ÉTAIT PAS DE TA FAUTE SNOOPY...
VOICI TON OS...
TOUT CE QUE JE VEUX C'EST UNE AUTRE BONNE SAISON, QUE JE LES LAISSE TOMBER POUR ACHETER UN BOWLING!
SCHULZ

VOICI LE FÉROCE SINGE DE LA JUNGLE FRAPPANT SON TORSE PUISSANT!
MAINTENANT, IL REJETTE SA TÊTE, ET POUSSE UN RUGISSEMENT TERRIFIANT
OUARF !!
QUE C'EST HUMILIANT!
SCHULZ

VOICI LE FÉROCE SINGE DE LA JUNGLE SE BALANÇANT AU TRAVERS DES ARBRES...
WHAM!
JE NE SAIS JAMAIS CE QUE JE DOIS FAIRE QUAND J'ARRIVE AU DERNIER ARBRE!
SCHULZ

NOUS VOULONS SAUTER À LA CORDE, SNOOPY...
EN FAIT, NOUS VOULONS SAUTER À LA CORDE JUSTE LÀ OÙ TU ES ASSIS... ALORS, VA-T-EN !
SI ÇA AVAIT ÉTÉ LA SEMAINE NATIONALE DU CHIEN, JE N'AURAIS JAMAIS BOUGÉ !
SCHULZ

UN JOUR, IL FAUDRA QU'ILS INVENTENT UNE NICHE QUI NE SE DÉFORME PAS !
SCHULZ

AIDE PSYCHIATRIQUE 5 ¢
AIDE PSYCHIATRIQUE 5 ¢
AIDE PSYCHIATRIQUE 5 ¢
QUE POUVEZ-VOUS FAIRE QUAND LE MALADE NE DIT RIEN ?
SCHULZ

CE PETIT INSECTE VIT DANS UN MONDE BIEN À LUI...
IL IGNORE TOUT CE QUI CONCERNE LES ÉTUDES ATMOSPHÉRIQUES, LES GRÈVES, LES PROBLÈMES FERMIERS LES SOINS MÉDICAUX, L'ÉDUCATION OU L'IMPÔT SUR LE REVENU...
IL NE SE PRÉOCCUPE QUE DE SE NOURRIR ET D'ALLER DE L'AVANT...
C'EST ÇA LE SECRET... RÉDUIRE SES PRÉOCCUPATIONS AU MINIMUM !
SCHULZ

?
C'EST LE PREMIER NUAGE QUE J'AIE JAMAIS VU AVOIR LE VERTIGE!
SCHULZ

QUI A JAMAIS ENTENDU PARLER D'UN NUAGE EFFRAYÉ PAR L'ALTITUDE?!
VA-T-EN AVEC LES AUTRES NUAGES! C'EST TON DESTIN! MONTRE-LEUR QUE TU N'AS PAS PEUR!
JE SUPPOSE QUE LA VOIE EST PLUTÔT ÉPOUVANTABLE LÀ-HAUT!
SCHULZ

Z
AS-TU ENTENDU PARLER DE LA NOUVELLE AUTOROUTE ?
S'ILS LA CONSTRUISENT SELON LE PLAN, ELLE PASSERA JUSTE AU-DESSOUS DE LA NICHE DE SNOOPY!
SNOOPY
ÇA NE ME SURPREND PAS TELLEMENT...
CE N'EST QU'UN EXEMPLE DE PLUS DE LA CRUAUTÉ HUMAINE ENVERS LES CHIENS!
SCHULZ
JE VOIS ÇA D'ICI! "FAITES PLACE À L'AUTOROUTE!"
DES INGÉNIEURS COURANT PARTOUT; DES CAMIONS GRONDANT D'AVANT EN ARRIÈRE; DES BULLDOZERS LABOURANT TOUT...
...ET SOUDAIN, ELLE DISPARAÎT!
LA VIEILLE DEMEURE!
SCHULZ

ON NE PEUT PAS LES LAISSER CONSTRUIRE UNE AUTOROUTE ICI ET DÉMOLIR LA MAISON DE SNOOPY!
SNOOPY
PEUT-ÊTRE POUVONS-NOUS ÉCRIRE UNE LETTRE DE PROTESTATION...
À QUI?
JE NE SAIS PAS... POURQUOI PAS À GUY LUX? JE L'AI TOUJOURS ADMIRÉ!
CE MONDE EST-IL DEVENU FOU?!
DEPUIS QUAND UNE AUTOROUTE EST-ELLE PLUS IMPORTANTE QU'UNE NICHE? AVONS-NOUS PERDU TOUTE MORALITÉ?
AVONS-NOUS PERDU NOTRE DISCERNEMENT? L'AMOUR ET LA LOYAUTÉ D'UN CHIEN NE REPRÉSENTENT-ILS PLUS RIEN POUR NOUS?
ÇA C'EST UN BEAU DISCOURS, CHARLIE BROWN!
CLAP
CLAP
CLAP

BON! ILS VONT CONSTRUIRE UNE AUTOROUTE PAR ICI, ET TU PERDRAS TA NICHE...
SNIF!
TU CROIS QUE TU ES LE PREMIER À PERDRE SA MAISON? TU CROIS ÊTRE LE SEUL? HEIN?
ARRÊTE DE T'APITOYER SUR TOI-MÊME!
QU'EST-IL ADVENU DE LA BONNE VIEILLE "EMBRASSADE" SYMPATHIQUE?
SCHULZ
3

C'EST DÉCIDÉ! S'ILS SONT PRÊTS À LABOURER MA MAISON POUR UNE AUTOROUTE, IL LEUR FAUDRA ME LABOURER AVEC!
TU REGARDES DANS LA MAUVAISE DIRECTION... SI LES BULLDOZERS ARRIVENT, ILS VIENDRONT PAR ICI...
SCHULZ
C'EST DÉCIDÉ! S'ILS SONT PRÊTS À LABOURER MA MAISON POUR UNE AUTOROUTE, IL LEUR FAUDRA ME LABOURER AVEC!

LES BULLDOZERS APPROCHENT!
AAGH!
NON! NOUS DEVONS FAIRE MIEUX QUE ÇA!
SCHULZ
PRÊT? NOUS ESSAYONS UNE NOUVELLE FOIS...
LES BULLDOZERS APPROCHENT!!
WOOF!
SCHULZ

TU ES RESTÉ DE MARBRE, SNOOPY!
TU LEUR AS MONTRÉ QU'ILS NE TE FERAIENT PAS BOUGER... MAINTENANT, RECOMMENÇONS...
LES BULLDOZERS APPROCHENT!!
OH! CENT MÈTRES!
SCHULZ

D'ACCORD! LAISSONS-LEUR CROIRE QU'ILS ONT COMMENCÉ À CONSTRUIRE L'AUTOROUTE...
LES BULLDOZERS SONT LÀ, ET ILS CONSTATENT QUE TU AS REFUSÉ D'ÉVACUER... DONC, ILS APPELLENT LE CONTREMAÎTRE...
LE CONTREMAÎTRE VIENT VERS TOI, ET DIT, "QU'EST-CE QUI VOUS PREND?" ALORS QUE FAIS-TU?
NON! JE CRAINS QUE L'ÉVANOUISSEMENT NE TE SOIT D'AUCUNE AIDE!
SCHULZ

JE VIENS DE COMPRENDRE CE QUE C'EST LA FIN!
LUNDI MATIN AU PLUS TARD, CES BULLDOZERS SERONT LÀ POUR ME CHASSER!
SNOOPY
LA NUIT EST SOMBRE ET JE SUIS SEUL... IL Y A TANT DE CHOSES QUE J'AI LAISSÉES SOUS SILENCE... TANT DE CHOSES LAISSÉES INACHEVÉES...
ZUT!

ON T'A ACCORDÉ UN DÉLAI, SNOOPY!
C'EST LA SEMAINE NATIONALE DU CHIEN! ILS N'AURONT PAS L'AUDACE DE DÉMOLIR TA MAISON POUR CONSTRUIRE UNE AUTOROUTE PENDANT LA SEMAINE NATIONALE DU CHIEN!
TU AS SEPT JOURS DE DÉLAI!
MERCI, CHAMPS-ELYSÉES!

HÉLAS C'EST DÉJÀ VENDREDI!
ÇA VEUT DIRE QUE MON DÉLAI EST ACHEVÉ, ET QUE JE DOIS RECOMMENCER À M'INQUIÉTER DE CETTE AUTOROUTE...
JE NE PEUX SUPPORTER ÇA! NON, JE NE PEUX LE SUPPORTER!
POURQUOI N'AI-JE PAS D'AMIS HAUT PLACÉS ?!
SCHULZ

ENCORE UN JOUR ET LES BULLDOZERS ARRIVERONT...
LUNDI MATIN, ILS DÉTRUIRONT MA MAISON JUSTE POUR BÂTIR UNE AUTOROUTE...
MON DIEU!
TU AS ÉTÉ UNE BONNE MAISON!
SCHULZ

AUTO-ROUTE OU PAS, JE NE LES LAISSERAI PAS PRENDRE MA MAISON!
SNOOPY
INUTILE DE GARDER LA POSE ... ILS NE COMMENCERONT LES TRAVAUX QU'EN 1982
QUELLE DÉCEPTION!... JE PENSE QUE J'AVAIS BELLE ALLURE LÀ-HAUT!
SCHULZ

BON SANG! UNE ARAIGNÉE!!

AIMERAIS-TU ENTENDRE DE LA VRAIE MUSIQUE? ÉCOUTE ÇA!
POLKAS, SCOTTISHS ET VALSES
POLKAS, SCOTTISHS ET VALSES
VU? ÇA, C'EST LA VRAIE MUSIQUE! C'EST LE GENRE DE MUSIQUE QU'AIME LE PEUPLE! ET PAS CE TRUC DU VIEUX BEETHOVEN!
JE NE LE SUPPORTE PAS! JE NE PEUX LE SUPPORTER!
POLKAS, SCOTTISHS ET VALSES POLKAS SCOTTISHS ET VALSES
SCHULZ

TU NE VEUX PAS JOUER À LA BALLE, HEIN?
NON!
D'ACCORD! JE VAIS ALLER CHERCHER QUELQU'UN D'AUTRE...
DÉSOLÉ...
POLKAS, SCOTTISHS ET VALSES
POLKAS, SCOTTISHS ET VALSES
LA SEULE CHOSE QUI M'INTÉRESSE EST MA MUSIQUE!
SCHULZ

PAUVRE VIEUX "CRA-CRA"!
ILS DISENT QU'IL PORTE SUR LUI LA SALETÉ ET LA POUSSIÈRE DES ANCIENNES CIVILISATIONS...
TOUTE L'HISTOIRE SE DÉROULE DEVANT MES YEUX!
SCHULZ
PLOP!
C'EST LA FIN DU MONDE!
SCHULZ

POUR MOI, LA VISION LA PLUS PÉNIBLE AU MONDE EST UNE ÉCUELLE DE CHIEN VIDE!
SCHULZ

JE SAISIS L'ALLUSION !
SCHULZ

TU AS EU TON SOUPER! NE VIENS PAS EN MENDIER DAVANTAGE!
S'IL FALLAIT T'ÉCOUTER TU MANGERAIS TOUTE LA JOURNÉE!
JE MANGE PARCE QUE JE SUIS FRUSTRÉ...
ET JE SUIS FRUSTRÉ PARCE QUE JE N'AI PAS EU ASSEZ À MANGER!
SCHULZ

HUM... PEUT-ÊTRE QUE J'AVAIS TORT...
IL EST DIT DANS CE JOURNAL QU'IL EST BON DE DONNER À SON CHIEN DE QUOI GRIGNOTER ENTRE LES REPAS...
VOUS POUVEZ OBTENIR BEAUCOUP DE CHOSES SI VOUS AVEZ LA SYMPATHIE DE LA PRESSE!
SCHULZ

J'AI PEUR DE CONTINUER À JOUER, CHARLIE BROWN...
IL Y A UN VAUTOUR PERCHÉ SUR LE PIQUET DE CROQUET...
UN VAUTOUR?
OH, MON DIEU!
SCHULZ

SAIS-TU QUELQUE CHOSE À PROPOS DES VAUTOURS, CHARLIE BROWN?
TOUT CE QUE JE SAIS C'EST QU'ILS ONT L'AIR TRÈS FÉROCES...
JE PENSE QUE CE CHIEN A PERDU L'ESPRIT!
SCHULZ

LES VAUTOURS VOLENT-ILS TRÈS HAUT, CHARLIE BROWN?
OH, OUI... D'HABITUDE, ILS TOURNOIENT DANS LE CIEL... ILS PLANENT ET TOURNENT...
ET SOUDAIN, DANS UNE GRANDE ENVOLÉE, ILS S'ABATTENT SUR LE SOL!
WUMP!
SCHULZ

ALLONS DONC! UN VRAI VAUTOUR N'AURAIT JAMAIS PERDU CONTENANCE!
SCHULZ

LA PLUPART DU TEMPS, JE N'Y PENSAIS MÊME PAS...
MAIS MAINTENANT, ÇA ME TRACASSE PARFOIS...
MA RACE N'AURA JAMAIS À MANGER DANS DE LA BELLE PORCELAINE!
SCHULZ

ÇA NE FAIT AUCUN DOUTE, MES ANCÊTRES AVAIENT LA VIE PLUS DURE QUE MOI...
ILS DEVAIENT CHASSER POUR SE NOURRIR, ET SE BATTRE POUR SURVIVRE...
BIEN SÛR, JE DOIS M'AC-COMMODER D'UN TAS DE CHOSES QUE MES ANCÊTRES N'AURAIENT PAS IMAGINÉES!
SCHULZ

C'EST ÉTRANGE ...
ON DIRAIT QU'IL N'Y A PERSONNE DEDANS!

SNOOPY
!
ARF!
IDIOTS DE REPRÉSENTANTS!
SCHULZ

C'EST LE SEUL CHIEN QUE JE CONNAISSE QUI SE MÉFIE DE SON TAUX DE CHOLES-TÉROL!
SCHULZ

C'EST BIEN LA PREMIÈRE FOIS DE MA VIE QUE JE VOIS UN CHIEN-TOURNEUR!
PAS CHIEN-TOURNEUR... OISEAU-TOURNEUR!
JE CROIS QUE SI J'AVAIS VOULU **PARLER** D'OISEAU-TOURNEUR, J'AURAIS **DIT** OISEAU-TOURNEUR!
9
SCHULZ

JE NE PENSE PAS ÊTRE CAPABLE DE SUPPORTER ÇA ENCORE QUELQUES JOURS!
SCHULZ

SNOOPY! À LA SOUPE!
CLOMP!
SMACK
SCHULZ

SCHULZ
ÇA SUFFIT MAINTENANT!

!
WUMP!
LES VRAIS OISEAUX-TOURNEURS N'EMMÊLENT PAS LEURS OREILLES!

PUNT!
JE N'IMAGINAIS PAS QUE SHOOTER PUISSE ETRE AUSSI SATIS-FAISANT!
SCHULZ

C'EST BIZARRE...
HIER SOIR J'AI LAISSÉ MON BALLON DE FOOT DANS L'ARRIÈRE-COUR, ET CE MATIN IL EST DANS LA COUR DE DEVANT...
TRÈS ÉTRANGE...
LE "BUTEUR FOU" SHOOTE ENCORE!
PUNT!
SCHULZ

JE N'AI PAS PRIS TON VIEUX BALLON STUPIDE!
BON! QUELQU'UN L'A FAIT!
QUELQU'UN EST EN TRAIN DE TAPER DEDANS DANS LES ENVIRONS, ET J'AIMERAIS SAVOIR...
WUMP
" LE BUTEUR FOU" A ENCORE SHOOTÉ!
SCHULZ
C'EST FANTASTIQUE!
DURANT UNE MINUTE MON BALLON SE TROUVE DANS LA COUR DE DEVANT, ET LA MINUTE SUIVANTE QUELQU'UN L'ENVOIE DANS L'ARRIÈRE-COUR!
MAIS QUI? IL N'Y A PAS UN HUMAIN EN VUE!
HI, HI, HI! HI, HI, HI!
SCHULZ

?
ROWF!
JE NE PARTAGE PAS MON COUSSIN AVEC N'IMPORTE QUI!
SNOOPY
SCHULZ

JE N'AI PAS BIEN DORMI LA NUIT DERNIÈRE ...
ET C'ÉTAIT DE TA FAUTE! TOI ET TON STUPIDE ABOIEMENT!
LE PIRE, C'EST QU'ON NE SAIT PAS S'IL ABOIE APRÈS UN HIBOU, OU LA LUNE, OU UN CAMBRIOLEUR!
C'EST UN DES INCONVÉNIENTS D'UN VOCABULAIRE LIMITÉ!
SCHULZ

À LA SOUPE!
QUELLE ANGOISSE!
SCHULZ

Z
SNOOPY
!
SNOOPY
WHAM!
SNOOPY
TOIT VER-GLACÉ!
SCHULZ

NON! MINCE ALORS! NON!
OH, D'ACCORD!... FAIS À TA GUISE!
QU'Y A-T-IL DE MAL À VOULOIR MANGER SUR LA TERRASSE?
SCHULZ

IL Y A UNE CHOSE DONT J'AI TOUJOURS ÉTÉ FIER, C'EST LE FAIT D'ÊTRE INDÉPENDANT...
OUI, IL EST POSSIBLE QUE JE SOIS UNE SORTE DE DEMI-INDÉPENDANT!
SCHULZ

PAIX!
SCHULZ

SCHULZ

VOICI LE CHIEN FIDÈLE SUIVANT LES ENFANTS À L'ÉCOLE...
VOICI LE CHIEN FIDÈLE ASSIS DEHORS TANDIS QUE LES ENFANTS EN-TRENT À L'INTÉRIEUR ...
VOICI LE CHIEN FIDÈLE COUCHÉ DEHORS, ATTEN-DANT LA FIN DE L'ÉCOLE POUR PARTIR...
VOICI LE CHIEN FIDÈLE RÉALISANT SOUDAIN QU'IL PERD SON TEMPS!
SCHULZ

MON DIEU!
LE PAUVRE VIEUX... IL A DES TAS D'ENNUIS CHEZ LUI
SCHULZ

MON DIEU!
ÉCOUTER LES PROBLÊMES DE QUELQU'UN D'AUTRE M'A TOUJOURS DÉPRIMÉ...
SCHULZ

!
ÇA NE RATE JAMAIS... SEULEMENT SUGGÉRER QUE CERTAINS DE LEURS ENNUIS PEUVENT VENIR D'EUX-MÊMES, ET ILS SONT FACHÉS APRÈS VOUS!
SCHULZ

IL LES A PRISES... JE SUIS SÛR QU'IL LES A PRISES!
C'EST LE SEUL QUI LES PRENNE TOUJOURS...
CE CHIEN VA ME RENDRE FOU!
L'ASSEMBLÉE MENSUELLE DES PARENTS D'ÉLÈVES VA ÊTRE APPELÉE À L'ORDRE DU JOUR!
26
SCHULZ

JE SUIS TOUJOURS IMPRESSIONNÉ PAR LA CONSTANCE DES ÉTOILES...
ÇA ME DONNE UN SENTIMENT DE SÉCURITÉ DE REGARDER EN L'AIR, ET DE SAVOIR QUE L'ÉTOILE QUE JE VOIS SERA TOUJOURS LÀ, ET SERA...

DIS, TU NE VAS PAS LIRE AU LIT ?
TU NE SAIS DONC PAS QUE C'EST MAUVAIS POUR LES YEUX !
MON OPHTALMOLOGUE M'A DIT QUE C'EST UNE CROYANCE ERRONÉE...
IL DIT QUE CETTE IDÉE EST NÉE DE CE QUE LES LAMPES DE CHEVET NE DONNENT D'HABITUDE PAS ASSEZ DE CLARTÉ...
LA LUNE NON PLUS N'EN FOURNIT PAS ASSEZ !
SCHULZ

TU ES LE SEUL PAR ICI QUE JE NE COMPRENNE PAS...
LA SEULE CHOSE QUE TU FAIS EST DE RESTER ALLONGÉ SUR CETTE NICHE... TU POURRAIS CHASSER LES LAPINS !
TU FAIS ERREUR, MÔME... ABSOLUMENT ERREUR...
CHASSER LES LAPINS EST "DÉMODÉ"... REPOSER SUR LE TOIT DES NICHES EST "DANS LE COUP" !
SCHULZ

PARFOIS, QUAND JE SUIS DEBOUT LE MATIN, JE ME SENS TRÈS BIZARRE...
JE ME SENS COMME SI JE ME DEVAIS DE MORDRE UN CHAT! JE ME SENS COMME SI JE DEVAIS DEVENIR FOU, SI JE N'AVAIS MORDU UN CHAT AVANT LE COUCHER DU SOLEIL!!
MAIS ALORS, JE RESPIRE UN BON COUP ET J'OUBLIE TOUT ÇA...
C'EST CE QU'ON CONSIDÈRE COMME LA VRAIE MATURITÉ!
SCHULZ

QUICONQUE AIME SE REPOSER AU-DESSUS D'UNE NICHE EN PLEIN MILIEU D'UNE CHAUDE JOURNÉE DU MOIS D'AOÛT DOIT ÊTRE VRAIMENT DINGUE!
C'EST DÉJÀ LE MOIS D'AOÛT?
SCHULZ

GUILLI, GUILLI, GUILLI!
HÉ, HÉ, HÉ!
C'EST CE QUI ARRIVE QUAND ON HABITE TROP PRÈS D'UNE RUE PASSANTE!
SCHULZ

IL EST POSSIBLE QUE CE SOIT NOTRE DERNIÈRE CHANCE CETTE ANNÉE DE FAIRE UN PIQUE-NIQUE...
D'ACCORD!... CE SERA SANS CÉRÉMONIE... NOUS NE DIRONS À PERSONNE CE QU'IL DOIT AMENER...
CHACUN APPORTERA CE QU'IL PENSE ÊTRE NÉCESSAIRE...
SCHULZ

DU RAGOÛT!
SCHULZ

ACHOO
SCHULZ

NOURRIS LE CHIEN! NOURRIR LE CHIEN! JOUR APRÈS JOUR! NOURRIR LE CHIEN NOURRIS LE CHIEN!
JE NE FAIS QUE ÇA! J'EN DEVIENS FATIGUÉ ET MALADE!
COMMENT PRENDRE PLAISIR À MANGER EN SE SENTANT COUPABLE?
SCHULZ

MMMMM
OH! ÇA SUFFIT!
NE PAS SAVOIR RONRONNER EST UN GRAND DÉSAVANTAGE!
SCHULZ

MON DIEU
SCHULZ

C'EST VRAIMENT UNE GRANDE DÉSILLUSION !
QU'Y A-T-IL ?
SNOOPY N'EST PAS AUSSI DISTINGUÉ QUE JE LE PENSAIS...
IL REMUE SES LÈVRES EN LISANT !
SCHULZ

POURQUOI LE LANCEUR A-T-IL FRAPPÉ LA BALLE TROIS PIEDS TROP HAUT?
SCHULZ

ZUT...
À CHAQUE FOIS QU'IL PLEUT, LE SOUS-SOL EST INONDÉ!
SCHULZ

À LA SOUPE!
QUELLE ANGOISSE!

Z
!
WHAM!
TOIT VERGLACÉ!

ATTENTION AU CHIEN
ATTENTION AU CHIEN
ATTENTION AU CHIEN
J'AI TOUJOURS DÉSIRÉ UN TRUC COMME ÇA !
SCHULZ

ATTENTION AU CHIEN
"ATTENTION À RIEN"!.. QU'EST-CE QUE ÇA VEUT DIRE?
IL N'EST PAS INSCRIT, "RIEN", ESPÈCE D'IDIOT, C'EST ÉCRIT, "CHIEN"!
OH!...
MON DIEU!
ATTENTION AU CHIEN
SCHULZ

QUE FAIS-TU DONC?
JE FAIS DES EXERCICES OCULAIRES... JE N'AI AUCUNE ENVIE DE FINIR PAR PORTER DES LUNETTES COMME TOI...
MON OPHTALMOLOGUE DIT QUE LES EXERCICES OCULAIRES NE PEUVENT EN RIEN AIDER UNE VUE AFFAIBLIE PAR UNE ERREUR DE RÉFRACTION...
JE SUIS HEUREUX D'ENTENDRE ÇA... JE NE PENSE PAS QUE MES GLOBES OCULAIRES AURAIENT AIMÉ JOUER LES COUPS DE PISTON!
30
SCHULZ

Z
Z
SCHULZ

UN PETIT PEU CHAQUE JOUR...
... C'EST CE QU'IL FAUT FAIRE...
JUSTE UN PETIT PEU CHAQUE JOUR...
C'EST AINSI QUE L'ON SE FAIT LES MUSCLES DES OREILLES !

ET VOILÀ, SNOOPY... LA SOUPE !
ÇA, C'EST DRÔLE... LA PLUPART DES GARÇONS AIMENT QUE LEURS CLIENTS SOIENT ENTHOUSIASTES !

HUM...
AS-TU ÉTÉ AVISÉ QUE COMMENCE LA "SEMAINE NATIONALE DU CHAT?"
AUGHH!
NON, JE PRÉSUME QUE TU NE L'ÉTAIS PAS...

MA HAINE DES CHATS EST SANS LIMITES!
JE SUIS UN TUEUR DE CHATS, JE MÉPRISE LES CHATS ET LES CHATS ME RÉPUGNENT!
MAIS, J'AI ÉGALEMENT PEUR QU'ILS CAUSENT MA MORT!
SNOOPY

" AINSI, SUIVANT L'ANALYSE DES DEUX PLUS CÉLÈBRES RACES D'ANIMAUX DOMESTIQUES LE CHAT ET LE CHIEN...
... LE CHIEN DANS SON INFINI DÉSIR DE PLAIRE, ADOPTE LES CARACTÉRISTIQUES DU "BÉNI-OUI-OUI"...
MAIS, LE CHAT RESTE ORGUEILLEUX ET ATTACHÉ À SES PROPRES CONVICTIONS, INSENSIBLE AUX CAPRICES OSCILLANTS DE L'HOMME...
MON DIEU.
VAUT MIEUX QUE JE M'EN AILLE... JE COMMENCE À AVOIR LA NAUSÉE!
31
SCHULZ

QU'ES-TU EN TRAIN DE FAIRE?! SORS D'ICI!!
QUAND UN CHAT JOUE AVEC UNE PELOTE DE FICELLE, ILS LE CROIENT MALICIEUX!
SCHULZ

PEUT-ÊTRE QUE JE HAIS LES CHATS PARCE QUE J'AI RÉELLEMENT PEUR D'EUX...
PEUT-ÊTRE QUE MA HAINE, MA PEUR ET MON PRÉJUDICE SE SONT UNIS POUR M'ENLEVER TOUTE APPRÉCIATION POUR UNE DES PLUS DÉLICIEUSES CRÉATURES DU MONDE !
CE POURRAIT ÊTRE VRAI...
...MAIS J'EN DOUTE !
SCHULZ

ARF ARF ARF ARF ARF ARF ARF
ÉCOUTE ! PENSES-TU QUE SNOOPY AIT VU UN CAMBRIOLEUR ?
NON ! CE N'EST PAS SON "ABOI-CAMBRIOLEUR"...
ARF ARF ARF ARF ARF
NON ! C'EST SON "ABOI JUSTE POUR L'ART DE L'ABOIEMENT" !
SCHULZ

A CHAQUE FOIS QU'UN SPECTACLE SE TERMINE PAR UNE CHASSE, **JE** SORS!

ARF ARF ARF ARF
"CHIENS ABOYANT NE MORDENT JAMAIS"
ET POURQUOI ÇA, CHARLIE BROWN?
JE N'EN SAIS RIEN... CE N'EST PEUT-ÊTRE QU'UN DICTON...
MAIS NON, C'EST LE SEUL MOYEN POUR NE PAS SE MORDRE LA LANGUE!

JE N'ARRIVE PAS À TROUVER TON ÉCUELLE, SNOOPY...
?
J'AI REGARDÉ PARTOUT, MAIS JE NE L'AI PAS TROUVÉE... IL FAUDRA QUE JE METTE TON REPAS DANS QUELQUE CHOSE D'AUTRE...
SNOOPY
OH, NON!
JE N'AI JAMAIS ÉTÉ AUSSI EMBARRASSÉ DE TOUTE MA VIE!
SCHULZ

TU SAIS CE QUE J'AI REMARQUÉ À TON SUJET, LUCY?
J'AI REMARQUÉ QUE TU NE CARESSES JAMAIS UN CHIEN SUR LA TÊTE QUAND TU T'EN APPROCHES...
ET ALORS?
EH BIEN! ÇA PROUVE QUE TU N'AIMES PAS LES ANIMAUX...
C'EST MÊME PIRE! C'EST UN SYMPTÔME DE MALADIE GRAVE!
SCHULZ

J'AIME DORMIR DEHORS...
RIEN N'EST PLUS AGRÉABLE TANT QU'ON N'EST PAS DÉRANGÉ PAR DES...
ZZZZZ
... ABEILLES !
SCHULZ

Z
Z
Z
C'EST BON ! OÙ EST CE GARS SI SENSÉ ?
SCHULZ

FRAPPÉ PAR LA RAGE !

AINSI, TU AS ÉTÉ FRAPPÉ PAR LA RAGE HIER, HEIN ? ÇA T'A FAIT MAL ?
JE SUIS DÉSOLÉ... JE N'AURAIS PAS DÛ TE LE RAPPELER...

MON DIEU

CENT VINGT-TROIS POUR RIEN!
SEIGNEUR! PERDRE AINSI NOTRE PRE-MIER JEU DE LA SAISON...
OU SONT-ILS TOUS PARTIS?
ILS SONT TOUS RENTRÉS CHEZ EUX POUR PLEU-RER...
SNIF
VRAIMENT TOUS ?
VRAIMENT TOUS! SNIF!
WAAH

PUNT!
ÇA ME REND TOUJOURS TRÈS SATISFAIT !
LA PLUPART DES PSYCHIATRES RECOMMANDENT DE SHOOTER TRÈS HAUT...
SCHULZ

RARF!
IL FAUT QU'ILS TROUVENT UN AUTRE ENDROIT POUR TENIR LEURS RÉUNIONS!
SCHULZ

JE SUIS HEUREUX D'AVOIR CHANGÉ D'IDÉE QUANT À LES LAISSER TENIR LEURS RÉUNIONS ICI...
JE RESSENS DU REGRET POUR EUX...
MAINTENANT QUE LEUR GROUPE GRANDIT, ILS ONT RÉELLEMENT BESOIN D'UNE SALLE AGRÉABLE POUR SE RÉUNIR!
SCHULZ

ÇA ME SEMBLE ÊTRE PLUTÔT AGRÉABLE...
ILS COMMENCENT TOUJOURS LEURS RÉUNIONS PAR UNE CHANSON!
SCHULZ
LEURS RAS-SEMBLEMENTS SONT DE PLUS EN PLUS FRÉQUENTS...
TOUTEFOIS, ILS NE DURENT GÉNÉRALEMENT PAS TRÈS LONGTEMPS...
BIEN QU'ILS NE SE TERMINENT SOUVENT QUE VERS MINUIT!
SCHULZ

C'ÉTAIT TRÈS AIMABLE DE LEUR PART DE ME LE DEMANDER, MAIS J'AI DIT "NON"!
JE SUPPOSE QUE C'EST PARCE QU'ILS UTILISAIENT MON LOCAL POUR LEURS RÉUNIONS, QU'ILS SE SONT SENTIS OBLIGÉS DE ME DEMANDER DE FAIRE PARTIE DE LEUR GROUPE
35
SCHULZ

JE ME DEMANDE S'IL SERAIT INCORRECT DE MA PART D'ÉCOUTER CE QUI SE DIT AU COURS D'UN DE LEURS RASSEMBLEMENTS !?
C'EST LA CHOSE LA PLUS EFFRAYANTE QUE J'AIE JAMAIS ENTENDUE!

EN ÉCOUTANT AVEC PRÉCAUTION, JE POURRAIS EN-TENDRE CE QUE CES OISEAUX DISENT AU COURS DE LEUR RÉUNION...
JE ME DEMANDE SI LA POLICE EMPLOIE DES ESPIONS?
SCHULZ

ILS SORTENT! POUR METTRE AU POINT LEUR TERRI-BLE PLAN!
ET JE SUIS LE SEUL AU MONDE À SAVOIR DE QUOI IL S'AGIT! QUE PUIS-JE FAIRE?
LES GENS DOIVENT ÊTRE PRÉVENUS!
OH, ILS FINIRONT BIEN PAR LE SAVOIR D'EUX-MÊMES UN DE CES JOURS!
SCHULZ

JE DÉTESTE L'AUTOMNE !

PARFOIS JE PENSE QUE J'AIMERAIS QUITTER CET ENDROIT...
M'EN ALLER AU LOIN, VOIR DE NOUVELLES CHOSES ET RENCONTRER D'AUTRES GENS !
MAIS IL Y A TOUJOURS QUELQUE CHOSE QUI ME FAIT RESTER À LA MAISON... QUELQUE CHOSE QUI ME RETIENT...
CETTE VIEILLE ÉCUELLE !

SNOOPY
CE N'EST PAS L'HEURE! VA-T-EN!
QUELLE IMAGINATION!
IL PENSE QUE SON ÉCUELLE SE SENT SEULE QUAND ELLE NE CONTIENT PAS DE NOURRITURE!
SCHULZ

JE PARIE QUE SI J'ÉTAIS UN VAUTOUR, LES GENS ME RESPECTERAIENT DAVANTAGE !!!
SCHULZ
APRÈS TOUT, PEUT-ÊTRE PAS!

JE N'ARRIVE PAS À LIRE QUAND UN VAUTOUR M'OBSERVE !
SCHULZ

SCHULZ
LES VRAIS VAUTOURS NE SE SENTENT PAS SEULS...

!
QUELLE TRISTESSE!
SCHULZ

SCHULZ

TU VOIS CET OISEAU?
IL ÉCOUTE... LES OISEAUX ENTENDENT LES VERS SOUS LE SOL...
QUAND ILS ENTENDENT UN VER, ILS PIQUENT DU BEC, ET LE TIRENT DEHORS!
SOYEZ SAGES, VERS BRUYANTS!
SCHULZ

JE NE SAIS PAS BIEN...
IL M'EST DIFFICILE DE CROIRE QUE LES OISEAUX ENTENDENT LES VERS SOUS LA TERRE...
EN FAIT, LA PENSÉE QUE LE SOL GROUILLE DE VERS ME REND NERVEUX...
MES PIEDS ONT LA CHAIR DE POULE!
SCHULZ

JE N'ENTENDS PAS UN SEUL VER...
JE N'ENTENDS PAS LE MOINDRE VER !
RIEN !
SI J'ÉTAIS UN OISEAU, JE N'ATTENDRAIS PAS TROIS JOURS !
SCHULZ

TU NE PEUX ENTENDRE LES VERS À CETTE ÉPOQUE DE L'ANNÉE... LE SOL EST TROP DUR...
JE N'AVAIS PAS RÉALISÉ QUE "L'ÉCOUTE-DU-VER" ÉTAIT SI SAISONNIÈRE !
SCHULZ
38

PUNT
C'EST LA DERNIÈRE FOIS QUE JE TAPE DANS UN COCHONNET!

SI TU CHERCHES UNE POMME, J'AI MANGÉ LA DERNIÈRE ...
TIENS, SI TU NE PORTAIS PAS DE LUNETTES, JE T'EN AURAIS BALANCÉ UNE!
LES LUNETTES SONT BONNES POUR LES YEUX... ELLES VOUS ÉVITENT D'Y RECEVOIR DES COUPS DE POING!

ÉCOUTE ÇA, VIOLET...
IL Y A À PEU PRÈS UN QUART DE MILLION DE CHIENS ET DE CHATS QUI NAISSENT CHAQUE JOUR DANS CE PAYS!
C'EST FANTASTIQUE
FANTASTIQUE ?! C'EST DÉGOÛTANT! ILS DEVRAIENT FAIRE QUELQUE CHOSE CONTRE TOUS CES CHATS!
SCHULZ

VOYONS ÇA...
IL NAÎT UN QUART DE MILLION DE CHIENS ET DE CHATS CHAQUE JOUR EN AMÉRIQUE... ÇA FAIT DIX MILLE À L'HEURE...
OU CENT SOIXANTE-SIX À LA MINUTE... SEIGNEUR!
JE NE SUIS PAS UNIQUE!
SCHULZ

M'MAN NOUS APPELLE POUR LE SOUPER...
PUNT
???
LE "BUTEUR FOU" SHOOTE ENCORE !
39
SCHULZ

TU DIS QUE TU AS LAISSÉ TON BALLON DE FOOT DANS L'ARRIÈRE-COUR HIER SOIR?
OUAIS... ET, QUAND JE ME SUIS RÉVEILLÉ, VERS DIX HEURES, J'AI ENTENDU QUELQU'UN SHOOTER DEDANS DANS LA COUR !
MAIS, QUI DONC SHOOTERAIT DANS UN BALLON À DIX HEURES DU SOIR ?
AUCUNE IDÉE !

PUNT
TU N'AS PAS VU MON BALLON, CHARLIE BROWN ? ON DIRAIT QU'IL A DISPARU !
LE TIEN AUSSI ?
LE "BUTEUR FOU" A ENCORE SHOOTÉ !
CE DÉMON N'ARRÊTERA DONC PAS ? NE SERA-T-IL PAS ATTRAPÉ ?
SCHULZ

C'EST ÉTRANGE, TRÈS ÉTRANGE !
ÇA DONNE LE FRISSON DE SAVOIR QUE, QUELQUE PART DANS LE NOIR, LE "BUTEUR FOU" EST TAPI...
QUICONQUE A UN BALLON DE FOOTBALL NE DORMIRA PAS BIEN CETTE NUIT !
SCHULZ

TU VOIS? QUELQU'UN A TAPÉ DANS UN BALLON ICI...
TU PEUX VOIR SES TRACES DANS LA NEIGE FRAÎCHE... IL A FRAPPÉ D'ICI À TRAVERS LA COUR... DROIT DEVANT!
APRÈS, IL S'EN VA! ET IL SE DIRIGE PAR ICI! SI NOUS SUIVONS CES EMPREINTES, NOUS ARRIVONS DROIT AU...
..."BUTEUR FOU"
SCHULZ

VOUS AVEZ EU LE "BUTEUR FOU"?
OUAIS, ON A SUIVI SA PISTE DANS LA NEIGE FRAÎCHE...
QUE LUI AVEZ-VOUS FAIT?
RIEN!
RIEN?
C'EST NORMAL DE MONTRER DE LA COMPASSION LA VEILLÉE DE NOËL!
SCHULZ

IL ME SEMBLE QUE ÇA FAIT BIEN LONG-TEMPS QUE J'ÉTAIS BÉBÉ CHIEN...
JE ME SOUVIENS DU PREMIER SOIR OÙ ILS M'ONT RAMENÉ À LA MAISON...
ILS M'ONT MIS UN RÉVEIL DANS MON LIT POUR ME TENIR COMPAGNIE... JE PENSE QUE SON TIC-TAC ÉTAIT SUPPOSÉ ME TRANQUILLISER...
ÇA ME CALMAIT TOUT À FAIT... À CHAQUE SONNE-RIE, JE ME COGNAIS PRESQUE AU PLAFOND!
SCHULZ

QUAND J'ÉTAIS BÉBÉ, CHAQUE JOUR ÉTAIT UN HEUREUX JOUR...
LE MATIN, LE SOLEIL BRILLAIT, ET TOUTES LES SOIRÉES ÉTAIENT FRAÎCHES ET AGRÉA-BLES...
SOUDAIN... BANG!
... ME VOICI AU DÉCLIN DE LA VIE!
SCHULZ

SCHULZ

QUELLE EST LA MEILLEURE FAÇON D'AVOIR DE LA FRAÎCHEUR QUAND IL FAIT CHAUD?
OH, JE NE SAIS PAS... IL Y A PLUSIEURS BONNES MANIÈRES...
IL ME SEMBLE QUE TOUTE PERSONNE A SA PROPRE MÉTHODE...
SCHULZ

SE TENIR SUR LA TÊTE SUR UNE ARROSEUSE PEUT ÊTRE TRÈS TONIFIANT...
NON SEULEMENT ÇA VOUS RAFRAÎCHIT, MAIS ÇA CLARIFIE VOTRE POINT DE VUE...
BIEN ENTENDU, ÇA PEUT AUSSI DEVENIR...
...UNE VRAI TOXICOMANIE!

J'AVAIS PEUR QUE ÇA ARRIVE...
JE MANQUE UN PEU DE VOLONTÉ...
DÈS QUE JE COMMENCE QUELQUE CHOSE, J'EN ABUSE TOUJOURS!
ME VOILÀ INTOXIQUÉ DE L'ARROSEUSE-OÙ-ON-SE-TIENT-SUR-LA-TÊTE!

C'EST SÉRIEUX... COMMENT PEUT-ON AIDER QUELQU'UN DEVENU INTOXIQUÉ DE "L'ARROSEUSE-OÙ-ON-SE-TIENT-SUR-LA-TÊTE"?
C'EST TRÈS SIMPLE... TU ARRÊTES LE ROBINET!
SCHULZ
MERCI... MON DIEU!

ÉCOUTE ÇA, CHARLIE BROWN...
IL EST DIT ICI QU'IL Y A PLUS DE SIX CENT SOIXANTE DIX MILLE DIFFÉRENTES SORTES D'INSECTES!
WOW!
CONSOLE-TOI, PETIT GARS... TU N'ES PAS TOUT SEUL!
SCHULZ

NE SOIS PAS EFFRAYÉ, CHARLIE BROWN, MAIS IL Y A UN DINOSAURE QUI ARRIVE!
UN QUOI?
UN DINOSAURE! UN PETIT DINOSAURE!
CLOMP CLOMP CLOMP CLOMP CLOMP
OH, MON DIEU!
CLOMP CLOMP CLOMP
SCHULZ

VOICI LE GRAND DINOSAURE, ROI DU MONDE!
VOICI LE GRAND DINOSAURE, ROI DU MONDE!
SCHULZ

ROWR
JE SUIS UN DINOSAURE PITEUX!
SCHULZ

QUELLES QUALITÉS DOIT POSSÉDER UN BON BLOQUEUR, CHARLIE BROWN?
BEN, JE PENSE QU'IL LUI FAUT UN BRAS FORT POUR LANCER, DE BONNES JAMBES, UNE BONNE VUE...
CLOMP!
... ET DE BONNES DENTS!
SCHULZ

VOYAGER FORME L'ESPRIT...
PERSONNE N'EST RÉELLEMENT INSTRUIT SANS AVOIR VU DE NOUVEAUX PAYS ET RENCONTRE D'AUTRES PEUPLES... VOYAGER AJOUTE UNE TOUCHE DE MATURITÉ...
C'EST CE QUE JE VAIS FAIRE... JE SUIS VRAIMENT PARTISAN DU VOYAGE...
TANT QU'ON NE PERD PAS DE VUE SON ÉCUELLE!
SCHULZ

JE PENSE VRAIMENT QUE TU DEVRAIS AVOIR HONTE DE TOI!
IL N'Y A PAS DE CHIEN QUI PERDE TOUT SON TEMPS À DORMIR ALORS QU'IL POURRAIT CHASSER LES LAPINS!
JE NE SAIS PAS... CERTAINS DE NOUS SONT NÉS CHIENS, ET CERTAINS SONT NÉS LAPINS...
TOUT COMPTE FAIT, JE DOIS ADMETTRE QUE MES SYMPATHIES VONT AUX LAPINS!
SCHULZ

J'AI LA CHANCE D'ÊTRE IRRÉ-TRÉCISSABLE!
43
SCHULZ

OH! OH! VOILÀ "CRA-CRA"!...
UN JOUR QUELQU'UN DEVRAIT METTRE CE GOSSE ENTRE QUATRE PLANCHES ET LE PASSER AU "RAVALEMENT INSTANTANÉ"!
SCHULZ

WHOP!
UN BON MANAGER AP-PREND À UTILISER AU MIEUX TOUT MATÉRIEL QU'IL AIT!
SCHULZ

SAPRISTI! JE N'ARRI-VERAI JAMAIS À BRONZER!
SCHULZ

ZOOM
AVEC UN PEU DE PRATIQUE, JE PARIE QUE J'AURAI LES CHAUSSURES AUSSI !

PTUI !
JE M'INQUIÈTE DE SAVOIR QUI L'EXAMINERA D'ABORD... UNE GRANDE LIGUE SCOUTE OU LA SOCIÉTÉ PROTECTRICE DES ANIMAUX ?

QUE FAIS-TU, CHARLIE BROWN ?
QUELLE IDÉE D'AVOIR ACHETÉ UN CORNET DE GLACE POUR SNOOPY ? COMMENT LE MANGERA-T-IL ?
IL NE PEUT PAS LE TENIR !
VOUS N'AVEZ PAS À TENIR UN CORNET DE GLACE... VOUS LE PLANTEZ !
SCHULZ

J'EN AI ASSEZ DE LES CHERCHER BÊTEMENT !
TU VEUX MES LUNETTES ? PRENDS-LES ! GARDE-LES !
ÇA VA !... GARDE-LES ! GARDE-LES, J'M'EN MOQUE ! VAS-Y, ET GARDE-LES !
QUELLE EST CETTE BLAGUE ?

QU'IL EST BON DE S'ÉVEILLER LE MATIN AVEC UNE SENSATION DE BIEN-ÊTRE...
DE SAVOIR QUE, MÊME S'IL Y A DE LA NEIGE SUR LE SOL, ET QU'IL FAIT UN PEU FRISQUET DEHORS, AU FOND LA VIE EST BELLE, ET QUE PERSONNELLEMENT VOUS ÊTES...
SNOOPY
?
CONDAMNÉ !
SCHULZ

SAPRISTI! PIÉGÉ DANS UNE NICHE PAR UN GLAÇON!
JE PARIERAIS QU'AU MOINDRE DE MES MOUVEMENTS, IL S'ABATTRA ET ME TUERA!
JE NE VEUX PAS MOURIR! JE SUIS TROP JEUNE POUR MOURIR! JE SUIS TROP MIGNON POUR MOURIR!
SCHULZ
JE SUIS TROP MOI POUR MOURIR!!

C'EST STUPIDE D'ÊTRE PIÉGÉ DANS UNE NICHE PAR UN GLAÇON!
JE PENSE QUE JE VAIS M'ÉLANCER! JE PENSE QUE JE VAIS SORTIR EN TROM-BE!
JE PENSE QUE JE VAIS JAILLIR, ET SORTIR D'ICI EN TROMBE!
SCHULZ
JE PENSE QUE JE VAIS RESTER COUCHÉ ICI JUSQU'À LA FIN DE MA VIE!

IL EST MOCHE, HEIN?
TERRIBLE!
TU SAIS CE QUE J'AI ENTENDU DIRE?
NON, QU'AS-TU ENTENDU ?
J'AI ENTENDU DIRE QUE DES BRUITS ÉLEVÉS PEU-VENT PARFOIS CAUSER LA CHUTE D'UN GLAÇON...
C'EST VRAI ÇA ?
SCHULZ

JE SUIS CONDAMNÉ!
ALLÔ, LA SOCIÉTÉ PROTECTRICE DES ANIMAUX? NOUS DÉSIRONS VOTRE AVIS... COMMENT FAIRE SORTIR UN CHIEN DE SA NICHE AVANT QU'UN GLAÇON S'ABATTE SUR LUI?
IL DIT D'ESSAYER DE LE TENTER AVEC SA NOURRITURE FAVORITE... QUELQUE CHOSE À QUOI IL NE SAURAIT RÉSISTER...
QUEL EST LE NUMÉRO DE LA "PIZZA À EMPORTER VILLELLA"?
SCHULZ

JE FAIS EXACTEMENT CE QUE LE TYPE DE LA SOCIÉTÉ PROTECTRICE A DIT DE FAIRE...
SNIF? SNIF? SNIF?
?
ZOOM
WHAM!
SAUVÉ PAR UNE PIZZA!!
MON DIEU!
SCHULZ

ÉLOIGNE-TOI DE MOI AVEC TON SALE VIEIL OS!
JE N'EN VEUX PAS! JE TE DIS DE PARTIR!!
SCHULZ
HEIN! JE NE VOIS PAS POURQUOI ELLE N'EN VEUT PAS,,,
AUCUNE MAIN HUMAINE NE L'A TOUCHÉ!

PARFOIS JE RESTE ÉVEILLÉ LA NUIT ME DEMANDANT POURQUOI JE SUIS NÉ...
POURQUOI SUIS-JE SUR CETTE TERRE? QUE FAIS-JE ICI?
,,, ET PUIS SOUDAIN, ÇA ME FRAPPE,,,
JE N'EN AI PAS LA MOINDRE IDÉE!
SCHULZ

PEANUTS... PRESQU'UN ANNIVERSAIRE !

Pour le monde entier, Peanuts c'est la grande bande dessinée que lisent chaque jour quelque 100 millions d'enfants et d'adultes dans 65 pays et en 23 langues.

par Yellow Kid

CE sont aussi des centaines de livres et d'albums de toutes sortes et tous formats. Ce sont une vingtaine de films de cinéma et de télévision en couleur, une comédie musicale et des centaines d'objets, en tous genres depuis les posters jusqu'aux tee-shirts en passant par les écuelles à chien... Pour les Français, Peanuts c'est essentiellement « Snoopy »... le chien Beagle, philosophe et bavard, qui du haut de sa niche considère le monde et les humains. A travers sa condition de chien gâté, entouré d'enfants

américains il juge la vie, les gens, les animaux et les choses.
Snoopy est à la fois tendre, doux, aimant, bagarreur, colérique, indiscipliné, charmeur et un peu fou. Il se voit dans des situations extraordinaires telles qu'aviateur dans la Grande Guerre combattant dans son « Spotwith Camel » à hélices le fameux as allemand, von Richthoffen, surnommé le « Baron Rouge ». Il est champion de tennis et rêve d'aller jouer à Wimbledon. Fraternel, il conduit ses « scouts » dans les forêts pleines d'embûches et les rassure la nuit. Courageux, il défie Lucy « la chipie » au bras de fer et perd presque une patte dans ce duel inégal dont il s'échappe en l'embrassant. Il vole au secours de la petite « Patty » qui s'est attaquée au chat du voisin et y laisse beaucoup de poils.

Snoopy ne peut rester seul. Il lui faut faire bénéficier un plus petit et plus fragile que lui de toute sa science... et sous le crayon magique de Charles M. Schulz naît « Woodstock » le petit oiseau. La vie de Snoopy se partage alors entre la bande des gosses, « les peanuts » et son ami Woodstock qui lui sert à la fois de secrétaire, de disciple et d'admirateur passionné. Il emmènera « sa troupe d'oiseaux découvrir les pistes de la forêt profonde »...

Mais rien ne peut empêcher Snoopy de penser, avant toute chose, à son déjeuner et à son dîner. Il a un estomac qui réclame sans cesse et son pauvre maître, Charlie Brown a bien du mal à le satisfaire. Charlie Brown c'est le vaincu, celui auquel il arrive des

nalheurs et qui n'a aucune confiance en lui-même. Amoureux de « la Petite Fille Rousse » il n'ose pas le lui dire et se meurt d'amour dans son coin. Charlie Brown pourra bien arriver en finale de Washington, du grand concours national d'orthographe (avec l'aide de Snoopy) il ne gagnera pas le titre, soudain paralysé par l'émotion.

Schroeder, c'est le génial interprête de Beethoven, qui, derrière son piano à queue se moque des avances de Lucy (la chipie) pour lui. C'est aussi « Linus » le petit frère toujours sale qui traîne derrière lui une vieille couverture, la seule chose qui lui donne le courage d'affronter le monde extérieur.

Il y a juste 40 ans, un jeune homme, Charles M. Schulz envoyait à United Feature Syndicate à New York, des cartoons dessinés sur des bouts de papier…
Convoqué à New York, le jeune homme timide, arriva de sa province lointaine, de Mineapolis, si tôt le matin que personne n'était encore arrivé. Il laissa l'enveloppe à l'huissier. Quand il revint après avoir pris un petit déjeuner il était déjà engagé à condition de faire une bande dessinée avec les bouts de papiers. Hélas, de retour à Mineapolis, la jolie fille qu'il espérait épouser le refusa tout net malgré son job, ce jour-là était né Charlie Brown et la Petite Fille Rousse. Les autres Peanuts vinrent tout seuls au cours de ans. Comblé d'honneurs, cou ronné par toutes les académies riche et toujours timide, Schul continue à dessiner tout seul et faire seul également les textes d ses bandes dessinées. Personn ne peut, sous aucun prétexte redessiner Peanuts.
Il vit avec ses enfants à Sébasto pol en Californie. La place de l petite ville s'appelle « Snoop Place » et les monuments et ave nues portent les noms de chacu des Peanuts.
Quarante ans déjà depuis l début 1949, « Good Grief » (mo dieu) s'écrie Snoopy et déjà plu de 11 000 bandes dessinées…
quelle vie de chien…

PARUS

LUCKY LUKE - AVENTURES DANS L'OUEST - Morris-Goscinny - 7001
ACHILLE TALON - LE MYSTÈRE DE L'HOMME A DEUX TÊTES - Greg - 7002
BLAKE ET MORTIMER - LE SECRET DE L'ESPADON 1 - Jacobs - 7003
SNOOPY - REVIENS SNOOPY - Schulz - 7004
BLUEBERRY - LA MINE DE L'ALLEMAND PERDU - Giraud-Charlier - 7005
RUBRIQUE A BRAC - TOME 1 - Gotlib - 7006
TANGUY ET LAVERDURE - LES ANGES NOIRS - Jije-Charlier - 7007
VALÉRIAN - LA CITÉ DES EAUX MOUVANTES - Mézières-Christin - 7008
BOULE ET BILL - LES GAGS DE BOULE ET BILL 1 - Roba - 7009
LA QUÊTE DE L'OISEAU DU TEMPS - LA CONQUE DE RAMOR - Loisel-Letendre - 7010
PARTIE DE CHASSE - Bilal-Christin - 7011
LÉONARD - LÉONARD EST TOUJOURS UN GÉNIE - Turk-De Groot - 7012

A PARAÎTRE

BLAKE ET MORTIMER - LE SECRET DE L'ESPADON 2 - Jacobs
BLUEBERRY - LE SPECTRE AUX BALLES D'OR - Giraud-Charlier
IZNOGOUD - LE GRAND VIZIR IZNOGOUD - Tabary-Goscinny
ACHILLE TALON - LE QUADRUMANE OPTIMISTE - Greg

POCKET B.D.

EDITIONS PRESSES POCKET
8, rue Garancière 75285 Paris Cedex 06
Tél. (1) 46.34.12.80

Imprimé par Ouest Impressions Oberthur
35000 RENNES